Quizz Islam 300 Questions Réponses

WBwinner Publishing

Published by WBwinner Publishing, 2024.

Also by WBwinner Publishing

Islam Quiz 300 Questions Answers
Quizz Islam 300 Questions Réponses

TABLE DE MATIERES

Introduction

A propos de l'islam

L'islam est une religion abrahmique, elle s'inscrit dans la continuité des religions juive et chrétienne. Elle s'appuie sur le dogme du monothéisme absolu et prend sa source dans le Coran, considéré comme le réceptacle de la parole de Dieu révélée, au VIIème siècle en Arabie, à Mahomet (Mouhammad), dernier prophète de Dieu.

A propos de ce Livre

Ce Livre Quizz Islam 300 Questions-Réponses est un Livre de Culture générale de la religion de L'islam. C'est une idée géniale pour vous initier et vous perfectionner en culture générale islamique, permettant aux enfants / adultes de se divertir mais aussi de développer ses connaissances sur l'islam.

Contenu de ce Livre

Grâce à ce Livre de jeux de quizz islam, vous allez tester vos connaissances générales et jouer à des quizzs islam en solo, entre amis ou en famille. Ce quizz consiste en une série de 300 questions pour lesquelles il y a une seule bonne réponse.

Caractéristiques de ce Livre :

✓ 300 Questions Réponses

✓ Avec solutions en fin du Livre

✓ 4 Thèmes : Le Saint Coran - Le Prophète Mouhammad (Mahomet) - Les prophètes - Culture générale de l'islam

✓ Taille du Livre 21.59×27.94 cm (Presque A4)

THEME 1 : Le Saint Coran

1- Le premier mot révélé du Coran « Iqra » signifie :
   A) prie
   B) lis
   C) obéis-moi

2- Le terme Coran signifie
   A) Sagesse
   B) Lecture
   C) Soumission

3- En quelle langue est écrite la version originale du Saint Coran ?
   A) Français
   B) Anglais
   C) Arabe

4- Une sourate du Coran est un ensemble de :
   A) lettres
   B) versets
   C) d'enseignements de l'Islam

5- Le Saint Coran contient
   A) 99 sourates
   B) 111 sourates
   C) 114 sourates

6- Combien y a-t-il de hizb dans le Coran ?
   A) 100
   B) 60
   C) 50

7- La révélation du Coran s'est étalée sur :
   A) 10 ans
   B) 15 ans
   C) 23 ans

8- La révélation du Coran a eu lieu à :
   A) La Mecque
   B) La Mecque et Médine
   C) La Mecque et en Mésopotamie

9- Les révélations se faisaient :
   A) par sourate
   B) par 2 versets
   C) de manière variable

10-Le Saint Coran contient plusieurs chapitres (juz'). Combien ?
   A) 30

B) 50

C) 70

11- La lecture d'une seule sourate équivaut à la lecture du tiers du Saint Coran. Laquelle ?

A) Al-Ikhlas

B) Al-Fatiha

C) Al-Baqara

12- Où se situe le verset du trône (Ayat al Kursi), réputé pour son pouvoir de protection et de guérison ?

A) Al-Baqara

B) Al-Isra'a

13- La première sourate du Saint Coran est

A) Al-Fatiha

B) Al Baqara

C) Al Hajj

14- Le Saint Coran a été dévoilé au Prophète (saws) durant le mois de ..

A) Ramadan

B) Safar

C) Mouharram

15- Le Coran est la parole de... ...

A) Gabriel

B) Allah

C) Muhammed

16- Le Coran a été descendu à Mohammed (sws) par l'intermédiaire de l'ange ...

A) Israfil

B) Mikhail

C) Jibril (Gabriel)

17- Combien y a-t-il de versets dans le Coran ?

A) 4444

B) 6346

C) 5555

18- Dans le Coran, il est écrit qu'Allah pardonne à tout le monde sauf aux

A) Hypocrites

B) Associateurs

19- Comment se nomme la sourate la plus courte du Coran ?

A) Al-Baqara

B) Nass

C) Kawthar

20- La sourate la plus longue du Coran est ...

A) Al Maida'a

B) Al Baqarah

C) Al Nissa

21- Quelle est la seule sourate qui ne contient pas bismillah al Rahman al Rahim au début ?

A) At-Tawbah

B) Maryam

22- Le prophète qui est cité 139 fois dans le Coran est ...

A) Ibrahim

B) Moussa

C) Issa

23- Quelles sont les deux sourates pleines de lumière (Azzahrawen) ?

A) Al-Baqarah (la vache) & Aal-Imran (La famille de Imran)

B) Al-Baqara (la vache) & At-Tawba (Le repentir)

C) Annisa'a (les femmes) & Aal-Imran (La famille de Imran)

24- Le Coran s'adresse-t-il uniquement aux Arabes ?

A) Oui

B) Non, à l'humanité entière

C) Aux hommes

25- Combien de sourates mecquoises et sourates médinoises, contient le Coran ?

A) 100 sourates mecquoises et 14 sourates médinoises

B) 86 sourates mécquoises et 28 sourates médinoises

26- Combien de mots contient le Saint Coran ?

A) 88439

B) 77439

C) 99439

27- Combien de lettres y-a-t-il dans le Coran ?

A) 323670

B) 556892

C) 725874

28- Combien de Sajda contient le Coran ?

A) 10

B) 12

C) 14

29- Une sourate qui porte le nom de l'un des piliers de l'Islam. Laquelle ?

A) At-Tawba

B) Al-Hajj

C) Aal Imran

30- Quelle est la sourate qui a été nommée par l'un des noms du Coran ?

A) Al Forquan

B) Al Tawba

C) Al Nour

31- Une sourate porte le prénom d'une femme. Laquelle ?

A) Mariem (Marie)

B) Rouquaya

C) Fatima

32- Une sourate ou on trouve bismillah deux fois. Laquelle ?

A) Al Nour (la lumière)

B) Al Namel (les fourmis)

C) At-Tawba (Le repentir)

33- Quelle la sourate qui a été citée par l'un des jours de la semaine ?

A) Al Baquara

B) Al A'araf

C) Al Joumou'a (Vendredi)

34- Deux sourates qui indiquent deux horaires de prières. Lesquelles ?

A) Al Sobeh et Al Dhur

B) Al maghreb et Al I'cha

C) Al Fajr et Al A'ser

35- Une sourate porte le nom d'un fruit. Laquelle ?

A) Al Tin (figue)

B) Al kawthar

C) Al Ikhlas

36- Une sourate porte le nom d'une rivière. Laquelle ?

A) Al Kawther

B) Al Ma'oun

C) Al Falaq

37- Quelle est la sourate qui porte le nom d'une planète ?

A) Al Kamar (lune)

B) Al Chams (Soleil)

C) Al Najm (étoile)

38- Combien de mots contient Ayet al Kursi ?

A) 30

B) 40

C) 50

39- Où ont été révélé les premiers versets du Coran ?

A) à la grotte de Hira à Mecque

B) à Jerusalem

C) à la Médine

40- Une sourate est équivaut au quart du Coran. Laquelle ?

A) Al Kafiroun

B) Al Ma'oun

41- Une sourate débute le Saint Coran. Laquelle ?

A) Al Fatiha (Prologue)

B) Al Nisaa (Les Femmes)

C) Al Baquara (La Vache)

42- Quand a été révélé le Coran au prophète Muhammed (saws) ?

A) à la Nuit du Destin

B) à Aid Al idhha (la fête du Sacrifice)

C) au 10ème jour de Muharam

43- Une sourate est nommée 'la moitié du Coran'. Laquelle ?

A) Al Zalzala (La Secousse)

B) Al Moutafifin (Les Fraudeurs)

C) Al Houmaza (Les Calomniateurs)

44- Une sourate a fini avec les prénoms de deux prophètes. Laquelle ?

A) Al Nassr (Les Secours)

B) Al Massad (Les Fibres)

C) Al A'ala (Le Très-Haut)

45- Quelle est la sourate qui n'a pas commencé avec bismillah ?

A) At-Tawba (Le Repentir)

B) A Ikhlas (Le Monothéisme pur)

C) Al Anbia'a (Les Prophètes)

46- Quelle est la sourate qui a été révélé complète ?

A) Al Mudather (Le revêtu d'un manteau)

B) Al mai'ida (La Table servie)

C) Al Anbia'a 'Les Prophètes)

47- Une sourate porte le nom de l'un des invasions du prophète. Laquelle ?

A) Al Ahzeb (Les Coalisés)

B) Al Israa (Le voyage Nocturne)

48- Quelle est la première sourate qui a été révélé au prophète après sa migration vers la Médine ?

A) Al Anfal (Le Butin)

B) Taha

C) Al Baquara (La Vache)

49- Quels sont les nombres les plus répétés au Saint Coran ?

A) 1 - 7

B) 5 - 11

C) 100 - 300

50- Une sourate a fini avec le même mot que son nom. Laquelle ?

A) Al Kafiroun (Les Infidèles)
B) Al Nas (Les hommes)
C) Al charh (L'ouverture)

THEME 2 : Le Prophète Mouhammad (Mahomet)

51- Où est né Mouhammad ?
A) Médine
B) La Mecque
C) Jérusalem

52- A quelle époque a vécu Mouhammad ?
A) IV-V ème siècle
B) VI-VII ème siècle
C) VIII-IX siècle

53- Quel métier exerça Mouhammad ?
A) Médecin
B) Berger
C) Avocat

54- Quelle fut sa première femme ?
A) Khadija
B) Fatima
C) Sarah

55- Où se réfugie Mouhammad après sa fuite de la Mecque ?
A) Médine
B) Jérusalem
C) Damas

56- De quel peuple fait partie Mouhammad ?
A) Les Byzantins
B) Les Francs
C) Les Arabes

57- Où Mouhammad reçoit-il les paroles de Dieu ?
A) La grotte Hdhra
B) La grotte Hira
C) La grotte Thour

58- Comment appelle-t-on les successeurs de Mouhammad ?
A) Califes
B) Emirs
C) Sultans

59- Il a entendu ...
A) Les paroles de Jésus
B) Les paroles de son père
C) Les paroles d'Allah

60- Mouhammad a-t-il-connu ses parents ?
A) Oui
B) Non, il était orphelin

C) Peut-être

61- Le prophète Mouhammad (saws) est né en
A) 600 après J-C
B) 570 après J-C

62- Quel est le nom du père du prohète Mouhammad (saws) ?
A) Abde Allah
B) Abou Bakr

63- Quel est le nom de la mère du prohète Mouhammad (saws) ?
A) Amina
B) Khadija
C) Fatima

64- Le père du prophète Mouhammad (saws) est mort avant ou après la naissance du prophète Mouhammad (saws) ?
A) Avant sa naissance
B) Après sa naissance

65- La mère du prohète Mouhammad (saws) mourut quand Mohammad avait 6 ans ?
A) Vrai
B) Faux

66- Le prohète Mouhammad (saws) avait 8 ans lorsque son vieux grand-père décéda ?
A) Vrai
B) Faux

67- Quel est le nom de la nourrice du prophète (saws) ?
A) Aïcha
B) Halima

68- Mouhammad a voyagé à Cham la première fois avec son oncle à l'âge de 10 ans ?
A) Vrai
B) Faux

69- Après la mort de sa mère, il fut adopté par son grand-père et après par son oncle.
A) Vrai
B) Faux

70- Le prophète a commencé à travailler comme berger
A) Vrai
B) Faux

71- A quel âge le prophète a reçu la visite de l'ange Jibril (Gabriel) ?
A) 30 ans
B) 35 ans
C) 40 ans

72- Lequel de ces trois personnages est le cousin du prophète ?
A) Abou Baker Sedik
B) Ali Ibn Abi Talib
C) Othmane Ibn Affene

73- Le père de Mouhammed s'appellait
A) Abdel Muttalib
B) Abdellah
C) Ibrahim

74- Qui n'est pas l'oncle du prophète ?
A) Hamza
B) Abbes
C) Abou Oubayda

75- Le prophète avait...
A) 4 filles et 3 fils (Fatima, Zeyneb, Roukaya, Oum Kalthoum, Quassim, Ibrahim, Abdellah)
B) 7 filles et 2 fils
C) 10 filles et 4 fils

76- Qui avaient élevé successivement le prophète après la mort de ses parents ?
A) Abdou Muttalib puis Abou Talib
B) Abbes puis Abou Talib
C) Hamza puis Abou Talib

77- Quels sont les enfants que le prophète avait élevé ?
A) Talha et Zoubayr
B) Almughira et Muawiya
C) Ali et Zayd Ibn Haritha

78- Qui n'est pas l'une des filles du prophète ?
A) Zeyneb
B) Roukaya
C) Maymouna

79- Le prophète est enterré à coté de...
A) Abu Bakr et Omar
B) Othmane et Ali
C) Zeyneb et Fatima

80- Comment s'appelaient les parents du prophète ?
A) Jaafer et Hafsa
B) Omar et Halima
C) Abdullah et Amina

81- A quel âge a-t-il épousé Khadija ?
A) 30
B) 25

C) 40

82- Combien de temps est-il resté à la Mecque avant d'émigrer ?

A) 7 ans

B) 9 ans

C) 13 ans

83- Quelle était la première bataille ?

A) Badr

B) Uhud

84- Doit –on aimer le prophète plus que sa propre famille ?

A) Oui

B) Non

85- Quel âge avait le prophète lorsque les premiers signes de la prophétie furent découverts ?

A) dès sa naissance

B) 6 ans par son oncle Abou Talib

C) 12 ans par un moine nommé Bahira

86- Pendant combien de temps l'appel à l'islam s'est-il fait en secret ?

A) 5 ans

B) 3 ans

C) 1 an

87- Quel miracle a-t-il apporté aux hommes ?

A) Le Coran

B) l'Evangile

C) Le Torah

88- Dans quelle maison est enterré le prophète ?

A) Fatima

B) Aicha

C) Khadija

89- A quelle tribu le prophète appartient -il ?

A) Kouraych

B) Badr

C) Uhud

90- Comment s'appelle la dernière bataille où le prophète a assisté ?

A) Badr

B) Tabouk

C) Hounayn

91- Comment s'appelle la montagne où se trouve la grotte Hira ?

A) Uhud

B) Alnour

C) Arafa

92- Quelle est la dernière épouse du prophète Muhammed ?

A) Hafsa

B) Zeyneb

C) Maymouna

93- Combien de batailles le prophète a-t-il assisté ?

A) 18

B) 27

C) 35

94- Quel aliment est le plus consommé par le prophète ?

A) les dattes et l'eau

B) le pain

C) la viande

95- Combien de fois le prophète est-il allé en pèlerinage durant toute sa vie ?

A) 1

B) 3

C) 5

96- Après dix ans de sa mission, le prophète a perdu deux personnes importantes. Lesquels ?

A) ses fils Quassim et Abdullah

B) son oncle Abou Talib et sa femme Khadija

C) son grand-père Abdul Muttalib et son oncle Abou Talib

97- Qui est la personne la plus nuisible au prophète ?

A) Abou Lahab

B) Abou Sofien

C) Muawiya

98- Que faisaient les compagnons du prophète après 5 ans de sa mission ?

A) Ils ont construit une mosquée à la Médine

B) Ils ont fait adieux à leurs familles

C) Ils ont émigré vers Al Habacha (Abyssinie)

99- Le prophète a fait deux grands voyages. Lesquels ?

A) Mecque et Médine

B) Isra et Miraj

C) Cham et Egypte

100- Le prophète est mort à

A) 50 ans

B) 63 ans

C) 70 ans

THEME 3 : Les prophètes

101- Quel prophète a l'histoire la plus belle et la plus détaillée dans le Coran ?

A) Ismaël

B) Youssef (Joseph)

C) Ibrahim (Abraham)

102- A quel peuple le Prophète Salih a t-i été envoyé par Dieu ?

A) Thamūd

B) ʿAd

C) Madyan

103- Quel prophète fut surnommé le père des hôtes (Abu Ad Dayfan) ?

A) Nouh (Noé)

B) Ibrahim (Abraham)

C) Suleyman (Salomon)

104- Dieu envoya quels oiseaux à Caïn (Kabil) après qu'il ait tué son frère Abel (Habil) ?

A) Des aigles

B) Des corbeaux

C) Des cigognes

105- Dieu a dit : « Et nous l'élevâmes à un haut rang ». De quel prophète s'agit-il ?

A) Ismaël (Ismaël)

B) Issa (Jésus)

C) Idriss (Enoch)

106- Combien d'étoiles le prophète Youssuf (Joseph) a-t-il vues dans son rêve ?

A) 9

B) 10

C) 11

107- Quel prophète fut le 1er à fabriquer des cottes de mailles ?

A) Dawud (David)

B) Zakariya (Zacharie)

C) Nuh (Noé)

108- Quel prophète parlait dans son berceau aux gens ?

A) Ylias (Elie)

B) Moussa (Moïse)

C) Issa (Jésus)

109- A qui fut révélé la Thorah ?

A) Issa (Jésus)

B) Moussa (Moïse)

C) Dawud (David)

110- Après combien de nuits de Ramadan ont été révélé les psaumes à David ?

A) 6

B) 12

C) 21

111- Avec quel prophète, le roi Nemrod qui se prenait pour Dieu a-t-il eu une discussion ?

A) Suleyman (Salomon)

B) Moussa (Moïse)

C) Ibrahim (Abraham)

112- Le prophète le plus riche, et le plus puissant était :

A) Suleyman (Salomon)

B) Moussa (Moïse)

C) Ibrahim (Abraham)

113- Le prophète le plus pauvre était :

A) Moussa (Moïse)

B) Ibrahim (Abraham)

C) Issa (Jésus)

114- Le prophète dont le nom est tiré de Dieu lui-même :

A) Ibrahim (Abraham)

B) Moussa (Moïse)

C) Mouhammad (Mahomet)

115- Le prophète dont le nom signifie la vitalité (ses parents étaient âgés) :

A) Yahya (Jean)

B) Ibrahim (Abraham)

C) Issa (Jésus)

116- Le prophète le plus cité du Coran est :

A) Ibrahim (Abraham)

B) Moussa (Moïse)

C) Issa (Jésus)

117- Le prophète qui fut abandonné par ses 10 frères était :

A) Ibrahim (Abraham)

B) Issa (Jésus)

C) Youssuf (Joseph)

118- Le prophète qui allait être sacrifié et qui a aidé à construire la Kaaba :

A) Ismaël

B) Ibrahim (Abraham)

C) Youssuf (Joseph)

119- Dieu l'a béni le jour où il est né, mort, et lorsqu'il sera ressuscité :
A) Yahya (Jean)
B) Issa (Jésus)
C) Ibrahim (Abraham)

120- Le prophète dont le peuple a été détruit par une pluie de pierres :
A) Moussa (Moïse)
B) Ibrahim (Abraham)
C) Lout (Loth)

121- Le prophète dont le peuple a été détruit par un déluge :
A) Dawud (David)
B) Moussa (Moïse)
C) Nouh (Noé)

122- Le prophète dont le peuple l'a jeté au feu :
A) Ibrahim (Abraham)
B) Nouh (Noé)
C) Ismail (Ismaël)

123- Qui est le 1er Messager qu'il y a eu sur Terre ?
A) Nouh (Noé)
B) Adam
C) Ibrahim (Abraham)

124- Moussa (Moise), Haroun (Aaron), Myriam (Marie) sont les enfants de ...
A) Yaa'koub (Jacob)
B) Imran
C) Ilyass

125- Quel prophète a été envoyé au peuple de 'Ad ?
A) Idriss (Enoch)
B) Issa (Jésus)
C) Hud (Eber)

126- Quel prophète avait de la nourriture qui sortait de son doigt, étant petit ?
A) Moussa (Moïse)
B) Shou'ayb
C) Ibrahim (Abraham)

127- Quel animal est censé avoir mangé Youssef ?
A) Un chameau
B) Un loup
C) Une vache

128- Quel prophète a parlé directement avec Allah ?

A) Ibrahim (Abraham)

B) Moussa (Moise)

C) Issa (Jésus)

129- Quel est le prophète qui a été le plus éprouvé ?

A) Dawud (David)

B) Suleyman (Soliman)

C) Ayoub (Job)

130- Quel prophète avait la beauté de la moitié de l'humanité ?

A) Youssef (Joseph)

B) Loth

C) Nouh (Noé)

131- Quel prophète était l'ami d'Allah ?

A) Idriss (Enoch)

B) Ibrahim (Abraham)

C) Moussa (Moïse)

132- Quel prophète a fait le voyage nocturne, a visité les 7 ciels et a vu des prophètes ?

A) Ibrahim (Abraham)

B) Mohammad (saws)

C) Issa (Jésus)

133- Quel prophète est mort au 4ème Ciel ?

A) Hud

B) Imran

C) Idriss (Enoch)

134- Combien de fois Mohammed (saws) a-t-il-vu Jibril (as) sous sa forme angélique ?

A) 7

B) 2

C) 17

135- Combien y a-t-il de ¨Prophètes et Messagers en tout ?

A) 100

B) 1000

C) 124000

136- Quel prophète a été découpé en 2 par les Bani Israël ?

A) Zacharia (Zacharie)

B) Yahya (Jean)

C) Moussa (Moïse)

137- Quel prophète mangeait des feuilles par peur de tomber dans

le péché ?
A) Moussa (Moïse)
B) Yahya (Jean)
C) Issa (Jésus)

138- Combien de fils avait Yaa'kub (Jacob) ?
A) 11
B) 12
C) 13

139- Yaa'koub est le père des juifs
A) Faux
B) Vrai
C) On ne sait pas

140- Qui est le père des prophètes ?
A) Adam
B) Ibrahim (Abraham)
C) Mohammed

141- Qui est notre Maitre sur Terre ?
A) Adam
B) Mohammed
C) Issa (Jésus)

142- Aujourd'hui nous sommes les fils ...
A) d'Adam
B) de Mohammed
C) de Ibrahim (Abraham)

143- Il y a un rocher en Palestine où ont été tués ...
A) 50 prophètes
B) 70 prophètes
C) 100 Bani Israël

144- Les prophètes sont tous des Messagers
A) Faux
B) Vrai
C) On ne sait pas

145- Qui est celui qui a fait passer les croyants par la mer Rouge et les a sauvés de Pharaon ?
A) Nouh (Noé)
B) Ibrahim (Abraham)
C) Moussa (Moïse)

146- Quel prophète a été chassé de chez lui par jalousie par ses 11 frères ainés, puis vendu comme esclave en Egypte ?

A) YDHJDHSKJ

A) Youssouf (Joseph)

B) Nouh (Noé)

147- Qui est le prophète Issa ?

A) Jésus, fils de Marie

B) Moussa (Moïse)

C) Ibrahim (Abraham)

148- Quel prophète a construit une arche pour y recueillir tous les croyants en Dieu ?

A) Idriss (Enoch)

B) Ismaël

C) Nouh (Noé)

149- Quels prophètes bâtirent la Kaaba à la Mecque ?

A) Ayoub (Jacob) et Idris (Enoch)

B) Ibrahim (Abraham) et Ismaël

C) Nouh (Noé) et Salih

150- Le prophète Yahya (Jean) était le cousin germain de quel autre prophète ?

A) Younes (Jonas)

B) Issa (Jésus)

C) Yaa'koub (Jacob)

151- Ibrahim (Abraham) a eu 2 fils prophètes, qui sont-ils ?

A) Ismail et Is-haq (Isaac)

B) Adam et Eve

C) Younous (Jonas) et Houd (Héber)

152- Quel prophète fut éprouvé par une maladie longue et pénible ?

A) Mouhammed

B) Salih

C) Ayoub (Job)

153- Quel prophète était le fils du prophète Daoud (David) ?

A) Moussa (Moise)

B) Youssef (Joseph)

C) Suleyman (Salomon)

154- Le miracle de la chamelle fut accordé à

A) Adam

B) Idris (Enoch)

C) Salih

155- En Islam, qui est le dernier prophète envoyé pour l'humanité entière ?

A) Issa (Jésus)

B) Mouhammed

C) Younous (Jonas)

156- Le prophète qui a eu la lèpre était

A) Ayoub (Job)

B) Salih

C) Adam

157- Le prophète le plus cité au Coran était

A) Mouhammed

B) Moussa (Moise)

C) Issa (Jésus)

158- Le prophète dont le peuple a été détruit par une pluie de pierres était

A) Loth

B) Hud (Eber)

C) Daoud (David)

159- Quel prophète n'avait jamais menti sauf 3 fois

A) Ibrahim (Abraham)

B) Ismaël

C) Is-haq (Isaac)

160- Quel prophète savait parler aux oiseaux ?

A) Louth

B) Daoud (David)

C) Suleyman (Soliman)

161- Pour combien de temps le prophète Ayoub (Job) a été éprouvé ?

A) 12 ans

B) 18 ans

C) 21 ans

162- Quel prophète était menuisier ?

A) Zakaria (Zacharie)

B) Yahya (Jean)

C) Is-haq (Isaac)

163- Quel prophète a été envoyé à un peuple qui fut frappé par un tremblement de terre pour l'avoir traité de menteur ?

A) Is-haq (Isaac)

B) Yaa'koub (Jacob)

C) Chou'aib

164- Devant qui Ibliss refusa-t-il de prosterner ?

A) Adam

B) Nouh (Noé)

C) Moussa (Moise)

165- Qui fut le premier messager ?

A) Daoud (David)

B) Ibrahim (Abraham)

C) Nouh (Noé)

166- Quel fut le châtiment du peuple de Nouh ?

A) une noyade

B) un tremblement de terre

C) un volcan

167- Quel fut le châtiment du peuple de Houd ?

A) une électrocution

B) un vent dévastateur

C) une pluie de pierre

168- Quel signe Dieu envoya au Thamūd ?

A) La chamelle

B) Le serpent

C) La vache

169- A quel peuple fut envoyé Chou'ayb ?

A) 'Ad

B) Thamūd

C) Madyan

170- Quel prophète savait interpréter les rêves ?

A) Zakaria (Zacharie)

B) Youssef (Joseph)

C) Houd (Eber)

171- Quel prophète fut éprouvé dans ses biens, sa santé et ses enfants ?

A) Youssef (Joseph)

B) Yaa'koub (Jacob)

C) Ayoub (Job)

172- Où Moussa (Moise reçut la révélation de sa prophétie ?

A) Mont Sinaï

B) Mont Al-Nour

C) Mont Arafa

173- Quel prophète fut avalé par une baleine ?

A) Younes (Jonas)

B) Zakaria (Zacharie)

C) Salih

174- Qui Dieu a assigné auprès de Moussa (Moise) pour le

fortifier dans sa mission ?
A) Sa mère
B) Son frère Haroun (Aaron)
C) Sa soeur

175- Qui est le dernier messager de tous les messagers ?
A) Mouhammed
B) Moussa (Moise)
C) Issa (Jésus)

176- Où le prophète Younes est-il resté enfermé pendant trois jours ?
A) en prison
B) au fond d'un puits
C) dans le ventre d'une baleine

177- Quels sont les deux miracles avec lesquels se rendit Moussa auprès de Pharaon ?
A) Le bâton et la main
B) La chamelle et la vache
C) Le vent et les oiseaux

178- Qui était la mère du prophète Is-haq (Isaac)?
A) Hind
B) Sarah
C) Hajer

179- Qui étaient les 2 fils d'Adam ?
A) Ismail et Is-haq
B) Habil (Abel) et Kabil (Caïn)
C) Quassim et Abdallah

180- La femme et le fils de quel prophète moururent noyés ?
A) Younes (Jonas)
B) Moussa (Moise)
C) Nouh (Noé)

181- Où fut jeté le prophète Youssef quand il était enfant et qui l'y jeta ?
A) dans un puits par ses frères
B) dans une cave par ses brigands
C) dans la rivière par son père

182- Qu'arrivera-t-il au prophète Ibrahim (Abraham) quand ses ennemis le jetèrent dans le feu ?
A) le feu s'éteint tout seul
B) le feu ne brula pas Ibrahim
C) il mourut

183- Qui était la mère du prophète Ismaël ?

A) Hajer

B) Sarah

C) Zoulaikha

184- Quel prophète avait les djinns à son service ?

A) Soulayman (Soliman)

B) Ibrahim (Abraham)

C) Youssef (Joseph)

185- Quel peuple le prophète Moussa a-t-il sauvé ?

A) Les Thamūd

B) Les israélites

C) Les Sodomites

186- Quel prophète a parlé directement avec Allah ?

A) Issa (Jésus)

B) Moussa (Moise)

C) Mouhammed

187- Quelle reine rencontra le prophète Suleyman (Soliman) ?

A) La reine d'Egypte

B) La reine de Saba

C) La reine Victoria

188- Quel prophète a eu un poste haut-placé dans la cour du roi d'Egypte ?

A) Loth

B) Moussa (Moise)

C) Youssef (Joseph)

189- Qui le prophète Moussa a-t-il rencontré et accompagné un certain temps ?

A) Nouh (Noé)

B) Zakaria (Zacharie)

C) Al-Khadir

190- Quel prophète était le neveu du prophète Ibrahim ?

A) Loth

B) Daoud (David)

C) Suleyman (Soliman)

191- Quel prophète a été sauvé par une caravane et emmené en Egypte ?

A) Ismael

B) Youssef (Joseph)

C) Younes

192- A quel prophète Allah at-il-révéla Torah authentique ?

A) Moussa (Moise)

B) Ayoub (Job)

C) Issa (Jésus)

193- A quel prophète Allah a-t-il accordé le miracle de fendre la lune en deux ?

    A) Younes (Jonas)

    B) Ilyes

    C) Mouhammed

194- Combien de prophète est cité dans le Coran ?

    A) 20

    B) 25

    C) 30

195- Quel prophète est maintenant vivant au $2^{\text{ème}}$ ciel ?

    A) Issa (Jésus)

    B) Moussa (Moise)

    C) Mouhammed

196- Combien de temps le prophète Nouh appelle son peuple à croire en Dieu ?

    A) 500 ans

    B) 700 ans

    C) 950 ans

197- Qui était le plus grand des fils de Nouh ?

    A) Canaan

    B) Sem

    C) Japhet

198- Quel prophète a traversé la mer qui s'est ouverte pour lui et son peuple ?

    A) Salih

    B) Houd (Eber)

    C) Moussa (Moise)

199- A quel prophète Allah a révélé le Coran ?

    A) Mouhammed

    B) Ilyes

    C) Younes (Jonas)

200- Qui était l'orateur des prophètes ?

    A) Shou'ayb

    B) Is-haq (Isaac)

    C) Yaa'koub (Jacob)

THEME 4 : Culture générale de l'islam

201- Que signifie le mot « islam » ?
A) Adoration
B) Soumission à Allah
C) Invocation et prière

202- Dans quel pays est située la Mecque ?
A) Arabie Saoudite
B) France
C) Irak

203- Dans quel bâtiment prient les musulmans ?
A) Une église
B) Une mosquée
C) Une synagogue

204- Les musulmans ont un jour particulier, lequel ?
A) Lundi
B) Vendredi
C) Dimanche

205- Quelle ville d'Arabie Saoudite est surnommée « La ville du prophète » ?
A) Jeddah
B) Ryadh
C) La Médine

206- Quel pays a appartenu au monde arabo-musulman d'Al-Andalous ?
A) La France
B) L'Egypte
C) L'Espagne

207- Un minaret est ...
A) une boisson
B) une réserve de nourriture
C) la tour d`où le muezzin appelle à la prière

208- Les enfants allaient à la madrasa qui est une ...
A) école religieuse
B) salle de prières
C) églises

209- Durant la prière, après Al-Fatiha, on récite ...
A) Sourate Al-Kahf (La caverne)
B) Sourate Al-Falaq (L'aube naissante)
C) N'importe quelle sourate ou quelques versets

210- Pour embrasser l'islam, il faut témoigner que « La Ilaha illa Allah », que signifie cette expression ?

A) Il faut invoquer les prophètes pour adorer Allah

B) Il n'y a de Dieu digne d'adoration qu'Allah

211- Autour de quel bâtiment les musulmans tournent-ils à la Mecque ?

A) La Kaaba

B) Le Souk

C) La Qibla

212- Quel lieu dans les villes arabo-musulmanes permet la vente des produits ?

A) Un minbar

B) Un minaret

C) Un souk

213- Pendant quel mois les musulmans pratiquent le jeûne ?

A) Rajab

B) Ramadan

C) Dhou al Hajja

214- C'est une Sunnah de, d'.. ?

A) Parler

B) Sourire

C) Ecouter

215- Il n'est pas permis à un musulman de se fâcher avec son frère plus de ...

A) 5 jours

B) 3 jours

C) 2 jours

216- L'une des préoccupations du calife Abou Bakr était :

A) Combattre ceux qui refusaient d'acquitter la Zakat (aumône)

B) Combattre les romains

C) Combattre les perses

217- Lequel des compagnons était nommé Al-Farouk (qui discerne le vrai du faux) :

A) Abou Taleb

B) Abou Bakr

C) Omar

218- Les 4 mois sacrés sont

A) Cha'aban, Ramadan, Chawwal et Zul-Qa'ada

B) Ramadan, Zul-Qa'ada, Zul-Hijja et Muharram

C) Zul-Qa'ada, Zul-Hijja, Muharram et Rajab

219- Sunnah veut dire ?

A) Les dires et les faits du prophète Mouhammad (saws)

B) Les dires et les faits des premiers califes de l'islam

C) Les dires et les faits des compagnons du prophète Mouhammad (saws)

220- Femme du prophète Mouhammad et sœur du calife Muawia

Ibn Abi Soufyane ?
A) Ramla (Oum Habiba)
B) Aïcha
C) Zaynab

221- Ali Ibn Abi Taleb est nommé calife à la suite de :
A) L'assassinat du calife Othman
B) La mort naturelle du calife Othman
C) La démission du calife Othman

222- Sur qui a-t-on le droit de jurer ?
A) Allah
B) Le messager d'Allah (saws)
C) El Kaaba

223- L'islam est fondé sur combien de piliers ?
A) 3
B) 4
C) 5

224- Combien de siècles sépara Adam et Nouh (Noé) ?
A) 2
B) 5
C) 10

225- Qui sont les premiers convertis à l'islam ?
A) Kadija, Ali, Abou Bakr
B) Omar, Othmane, Khaled
C) Abou Taleb, Talha, Zoubeir

226- Combien de jours est-il recommandé de jeuner par semaines et quels sont-ils ?
A) 4 : le lundi, le mardi, le samedi et le dimanche
B) 3 : le mardi, le jeudi et le samedi
C) 2 : le lundi et le jeudi

227- Que faut-il faire dans les 3 jours blancs de l'islam ?
A) il faut faire des prières et des invocations
B) il faut jeuner
C) il faut donner le Zakat (l'aumône)

228- Qui sont Yajouj et Majouj ?
A) Ce sont des humains qui ont été enterrés dans la Terre
B) Ce sont des bêtes qui vont venir attaquer les humains
C) Ce sont des peuples que le prophète a exilé de la Mecque

229- Que faut-il dire à la fin de chaque prière ?
A) Rien

B) faire des invocations

C) Astaghfirou Allah (33fois) Alhamdou lillah (33fois) Allahou akbar (33fois)

230- Quelle sourate est-il recommandé de lire le vendredi ?

A) sourate Al-Nahl (L'abeille)

B) sourate Al-Kahf (La grotte)

C) sourate Al-Bourouj (les constellations)

231- Qui sont les 2 rapporteurs de Hadith les plus connus en Islam?

A) Muslim et AL-Albani

B) Al Boukhari et Al Bayhaqi

C) Al-Boukhari et Muslim

232- Les musulmans disent « Assalamu Alaykom » pour se saluer. Qu'est-ce que ça signifie ?

A) Bonjour

B) Que la paix soit avec toi

C) Je te salue dignement mon ami

233- Quel est le pays où l'on compte le plus grand nombre de musulmans ?

A) Iran

B) Turquie

C) Indonésie

234- Lequel de ces pays à majorité musulmane ne fait pas partie du monde arabe ?

A) Iran

B) Algérie

C) Yémen

235- En quelle année de l'Hégire, le jeune du mois de Ramadan est-il devenu obligatoire ?

A) Première année de l'Hégire

B) Deuxième année de l'Hégire

C) Troisième année de l'Hégire

236- Les versets relatifs au jeune du mois de Ramadan se situent dans le chapitre :

A) Al Baqara (la vache)

B) Al Imran (La famille Imran)

C) Al Nisaa (Les femmes)

237- Le mois de Ramadan est le mois

A) de la prière

B) de la guerre sainte

C) de la patience

238- Quelle est la principale vertu du jeune ?

A) Il permet du perdre du poids

B) Il permet de ressentir la faim des pauvres

C) Il renforce l'espérance et la paix

239- Le Ramadan est l'un des quatre mois sacrés de l'islam
A) Vrai
B) Faux

240- Il est conseillé de suivre Ramadan de
A) 3 jours supplémentaires
B) 6 jours supplémentaires
C) 10 jours supplémentaires

241- L'ange Malik est :
A) Gardien du lac Kawther
B) Gardien de l'enfer
C) Gardien du pont Sirat

242- Combien d'anges ont combattu lors de la bataille de Badr :
A) 100
B) 500
C) 3000

243- Qui a dit : « Le mal m'a touché mais Toi tu es le plus miséricordieux des Miséricordieux »
A) Jean
B) Job
C) Jésus

244- Comment s'appelle le peuple qui a accueilli le prophète à Médine à la suite de son départ de la Mecque ?
A) Les Ansars
B) Les Quraych
C) Les Banu Khuza'a

245- Les deux anges qui font l'interrogatoire dans la tombe sont :
A) Munkir et Nakir
B) Qabil et Habil
C) Israfil et A'zrail

246- Qui a dit : « O mon cher père, fais ce qui t'es commandé, tu me trouveras s'il plait à Allah du nombre des endurants »
A) Isaac
B) Ismaël
C) Abraham

247- Lors du voyage nocturne du prophète aux cieux, combien de prières ont été initialement prescrites aux musulmans ?
A) 15
B) 25
C) 50

248- Les anges :

    A) sont infaillibles dans l'exécution des ordres

    B) sont immortels

    C) peuvent se transformer en objets

249- Qui a dit : Ne me laisse pas seul, Seigneur, alors que Tu es le meilleur des héritiers »

    A) Adam

    B) Zacharie

    C) Mouhammed

250- Lesquels de ces animaux n'ont pas de sourate à leurs noms ?

    A) Les fourmis

    B) les oiseaux

    C) les abeilles

251- Laquelle de ces sourates ne débute pas par des lettres ?

    A) Sourate Maryam (Marie)

    B) Sourate Qoraich

    C) Sourate Al Kahf (La Grotte)

252- Qui a dit : « O mon peuple, voici la chamelle d'Allah qu'il vous a envoyée comme signe. Laissez là paitre sur la terre d'Allah »

    A) Chou'yab

    B) Haroun (Aaron)

    C) Salih

253- Quel est le seul compagnon dont le nom est cité dans le Coran ?

    A) Abu Hurayra

    B) Zayd Ibn Al Hareth

    C) Bilal Ibn Rabah

254- L'ange Israfil est chargé de :

    A) enchainer les démons durant Ramadan

    B) Souffler dans la trompe le jour de la résurrection

255- Avant d'être Musulmans les arabes étaient...

    A) Polythéistes

    B) Monothéistes

256- Comment s'appelle le départ de Mouhammed de la Mecque vers la Médine ?

    A) L'Hégire

    B) Le Coran

    C) La Sunna

257- La prière est-elle obligatoire en Islam ?

    A) non

B) peut-être

C) oui

258- Qui a dit : « Nous croyons au Seigneur de l'univers, le Seigneur de Moise et d'Aaron »

A) les gardiens

B) les soldats

C) les magiciens

259- Les anges sont créés à partir

A) de feu

B) de lumière

C) d'argile

260- D'après une parole du prophète l'homme fort est celui

A) qui n'a pas peur

B) qui sait se battre

C) qui se maitrise dans les moments de colère

261- Quelle épouse du prophète est connue pour de nombreux hadiths rapportés ?

A) Aicha

B) Zayneb

C) Khadija

262- Quel est le cinquième pilier de l'islam ?

A) La prière

B) La Zakat (aumône)

C) Le Hajj (pèlerinage)

263- Combien y a-t-il de piliers dans la foi ?

A) 3

B) 5

C) 6

264- Combien d'anges porteront le Trône d'Allah le jour du jugement ?

A) 50

B) 20

C) 8

265- Qui a dit : « Si tu étends vers moi ta main pour me tuer, moi, je n'étendrais pas ma main vers toi pour te tuer : car je crains Allah, le Seigneur de l'univers »

A) Ismaël

B) Israël

C) Abel

266- La mission du prophète Mouhammed (saws) a duré...

A) 20 ans

B) 23 ans

C) 25 ans

267- Qui parmi ceux-là est connu pour sa compilation de hadiths (paroles du prophète)

   A) Omar

   B) Abdurrahmen

   C) Al Bukhari

268- Sur quelle base la pratique du prêt à intérêt (riba) est condamnée en islam ?

   A) sur deux versets du Coran

   B) sur deux fatwas

   C) sur deux hadiths

269- Pourquoi la bataille de Badr est-elle importante ?

   A) c'est la première victoire remportée par les musulmans contre les Perses

   B) c'est la première victoire remportée par les musulmans contre les Mecquois

   C) c'est la première victoire remportée par les musulmans contre les Byzantins

270- Au cours de quelle bataille Aicha est-elle vaincue par Ali ?

   A) La bataille de Nahrawan

   B) La bataille du chameau

   C) La bataille de Uhud

271- En quelle année a lieu l'Hégire ?

   A) en 632 après J.C

   B) en 622 après J.C

   C) en 612 après J.C

272- Comment appelle-t-on les chefs religieux, politiques et militaires successeurs de Mouhammed ?

   A) les émirs

   B) les gouverneurs

   C) les califes

273- Qui a dit : « O mon père, j'ai vu onze étoiles et aussi le soleil et la lune, je les ai vus prosternés devant moi »

   A) Joseph

   B) Salomon

   C) Abraham

274- Comment s'appelle la dynastie de califes en place entre 661 et 750 ?

   A) les Abbassides

   B) les Fatimides

   C) les Omeyyades

275- Pendant quelle nuit a été révélé le Coran ?

   A) La nuit du voyage nocturne et l'ascension

   B) La nuit du destin durant le mois de Ramadan

   C) La nuit du nouvel an

276- Combien y a-t-il de lieux sacrés dans la religion musulmane ?

   A) 7

B) 1

C) 3

277- Où se fait la retraite spirituelle (ii'tikaf)

A) sur le Mont Blanc

B) à Médine

C) à la mosquée

278- Qui a dit : « O mon Seigneur, montre Toi à moi pour que je Te voie »

A) Adam

B) Moise

C) Jésus

279- Combien de fois prosterne-t-on pendant la prière des funérailles ?

A) aucune fois

B) 1 fois

C) 2 fois

280- A quel moment de la journée durant le mois de Ramadan arrête-t-on le jeune ?

A) à midi

B) à minuit

C) juste après le coucher de soleil

281- Comment s'appelle l'art d'écrire de belles lettres ?

A) la littérature

B) la calligraphie

C) la lexicographie

282- Combien de femmes avait notre prophète ?

A) 11

B) 7

C) 4

283- Combien y a-t-il de prophètes cités dans le Coran ?

A) 20

B) 25

C) 55

284- Pour Allah, y a-t-il une différence entre un arabe et un non-Arabe ?

A) oui, en fonction de la race

B) oui, en fonction de la classe sociale

C) non, juste par la piété

285- Qui a dit : « O Adam, t'indiquerai-je l'arbre de l'éternité et un royaume impérissable »

A) Eve

B) Ibliss

C) Gabriel

286- Combien de versets comporte la sourate la plus longue du Coran ?

A) 211

B) 286

C) 290

287- Est-ce qu'il arrive aux anges de désobéir aux ordres d'Allah ?

A) oui, rarement

B) non jamais

C) ça dépend de la mission

288- Quelle parole faut-il faire prononcer au musulman lorsqu'il agonise ?

A) Astaghfirullah

B) Alhamdulillah

C) La ilaha ila Allah

289- Indiquer trois villes saintes de l'islam

A) La Mecque, Médine, Dubaï

B) La Mecque, Médine, Jérusalem

C) La Mecque, Médine, Manama

290- Qui a dit : « Seigneur montre-moi comment Tu ressuscites les morts »

A) Mouhammed

B) Jésus

C) Abraham

291- En quel jour se produira la fin du temps ?

A) Vendredi

B) Lundi

C) Jeudi

292- Quel est le plus grave des péchés ?

A) négliger la prière

B) l'association à Allah

C) le meurtre

293- Combien d'ailes possède l'ange Gabriel ?

A) 100

B) 200

C) 600

294- Dans le calendrier musulman (le calendrier lunaire), combien de jours y a-t-il dans un mois ?

A) 29 à 30 jours

B) 30 à 31 jours

C) 28 à 29 jours

295- Qui a dit : « N'ai-je pas dit que tu ne pourrais pas garder patience en ma compagnie »
    A) Khidr
    B) Luqman
    C) Imran

296- Combien de jours compte une année Hégirienne ?
    A) de 354 à 355 jours
    B) de 300 à 301 jours
    C) de 365 à 366 jours

297- Quelle femme est considérée comme la plus connaisseuse en termes de religion ?
    A) Aicha Bint Abi Bakr
    B) Khadija Bint Khouwayled
    C) Asma Bint Abi Bakr

298- La première émigration des musulmans Mecquois était vers quelle ville ?
    A) Damas
    B) Casablanca
    C) Abyssinie

Avant d'établir la Kaaba comme direction de prière quelle
299- était la direction
de prière des musulmans ?
    A) La mosquée Quba
    B) La mosquée Al Aqsa
    C) La mosquée du prophète

300- Quel est le nom du roi chrétien qui mena une armée pour détruire la Kaaba ?
    A) Abraha
    B) Béhanzin
    C) César

SOLUTIONS

THEME 1 : Le Saint Coran

1- Le premier mot révélé du Coran « Iqra » signifie :

A) prie

B) lis

C) obéis-moi

2- Le terme Coran signifie

A) Sagesse

B) Lecture

C) Soumission

3- En quelle langue est écrite la version originale du Saint Coran ?

A) Français

B) Anglais

C) Arabe

4- Une sourate du Coran est un ensemble de :

A) lettres

B) versets

C) d'enseignements de l'Islam

5- Le Saint Coran contient

A) 99 sourates

B) 111 sourates

C) 114 sourates

6- Combien y a-t-il de hizb dans le Coran ?

A) 100

B) 60

C) 50

7- La révélation du Coran s'est étalée sur :

A) 10 ans

B) 15 ans

C) 23 ans

8- La révélation du Coran a eu lieu à :

A) La Mecque

B) La Mecque et Médine

C) La Mecque et en Mésopotamie

9- Les révélations se faisaient :

A) par sourate

B) par 2 versets

C) de manière variable

10- Le Saint Coran contient plusieurs chapitres (juz'). Combien ?

A) 30

B) 50

C) 70

11- La lecture d'une seule sourate équivaut à la lecture du tiers du Saint Coran. Laquelle ?

    A) Al-Ikhlas

    B) Al-Fatiha

    C) Al-Baqara

12- Où se situe le verset du trône (Ayat al Kursi), réputé pour son pouvoir de protection et de guérison ?

    A) Al-Baqara

    B) Al-Isra'a

13- La première sourate du Saint Coran est

    A) Al-Fatiha

    B) Al Baqara

    C) Al Hajj

14- Le Saint Coran a été dévoilé au Prophète (saws) durant le mois de ..

    A) Ramadan

    B) Safar

    C) Mouharram

15- Le Coran est la parole de... ...

    A) Gabriel

    B) Allah

    C) Muhammed

16- Le Coran a été descendu à Mohammed (sws) par l'intermédiaire de l'ange ...

    A) Israfil

    B) Mikhail

    C) Jibril (Gabriel)

17- Combien y a-t-il de versets dans le Coran ?

    A) 4444

    B) 6346

    C) 5555

18- Dans le Coran, il est écrit qu'Allah pardonne à tout le monde sauf aux

    A) Hypocrites

    B) Associateurs

19- Comment se nomme la sourate la plus courte du Coran ?

    A) Al-Baqara

    B) Nass

    C) Kawthar

20- La sourate la plus longue du Coran est ...

    A) Al Maida'a

    B) Al Baqarah

    C) Al Nissa

21- Quelle est la seule sourate qui ne contient pas bismillah al Rahman al Rahim au début ?

A) At-Tawbah

B) Maryam

22- Le prophète qui est cité 139 fois dans le Coran est ...

A) Ibrahim

B) Moussa

C) Issa

23- Quelles sont les deux sourates pleines de lumière (Azzahrawen) ?

A) Al-Baqarah (la vache) & Aal-Imran (La famille de Imran)

B) Al-Baqara (la vache) & At-Tawba (Le repentir)

C) Annisa'a (les femmes) & Aal-Imran (La famille de Imran)

24- Le Coran s'adresse-t-il uniquement aux Arabes ?

A) Oui

B) Non, à l'humanité entière

C) Aux hommes

25- Combien de sourates mecquoises et sourates médinoises, contient le Coran ?

A) 100 sourates mecquoises et 14 sourates médinoises

B) 86 sourates mécquoises et 28 sourates médinoises

26- Combien de mots contient le Saint Coran ?

A) 88439

B) **77439**

C) 99439

27- Combien de lettres y-a-t-il dans le Coran ?

A) **323670**

B) 556892

C) 725874

28- Combien de Sajda contient le Coran ?

A) 10

B) 12

C) **14**

29- Une sourate qui porte le nom de l'un des piliers de l'Islam. Laquelle ?

A) At-Tawba

B) **Al-Hajj**

C) Aal Imran

30- Quelle est la sourate qui a été nommée par l'un des noms du Coran ?

A) **Al Forquan**

B) Al Tawba

C) Al Nour

31- Une sourate porte le prénom d'une femme. Laquelle ?

A) **Mariem (Marie)**

B) Rouquaya

C) Fatima

32- Une sourate ou on trouve bismillah deux fois. Laquelle ?

A) Al Nour (la lumière)

B) **Al Namel (les fourmis)**

C) At-Tawba (Le repentir)

33- Quelle la sourate qui a été citée par l'un des jours de la semaine ?

A) Al Baquara

B) Al A'araf

C) **Al Joumou'a (Vendredi)**

34- Deux sourates qui indiquent deux horaires de prières. Lesquelles ?

A) Al Sobeh et Al Dhur

B) Al maghreb et Al I'cha

C) **Al Fajr et Al A'ser**

35- Une sourate porte le nom d'un fruit. Laquelle ?

A) **Al Tin (figue)**

B) Al kawthar

C) Al Ikhlas

36- Une sourate porte le nom d'une rivière. Laquelle ?

A) **Al Kawther**

B) Al Ma'oun

C) Al Falaq

37- Quelle est la sourate qui porte le nom d'une planète ?

A) **Al Kamar (lune)**

B) Al Chams (Soleil)

C) Al Najm (étoile)

38- Combien de mots contient Ayet al Kursi ?

A) 30

B) 40

C) **50**

39- Où ont été révélé les premiers versets du Coran ?

A) **à la grotte de Hira à Mecque**

B) à Jerusalem

C) à la Médine

40- Une sourate est équivaut au quart du Coran. Laquelle ?

A) **Al Kafiroun**

B) Al Ma'oun

41- Une sourate débute le Saint Coran. Laquelle ?

A) **Al Fatiha (Prologue)**

B) Al Nisaa (Les Femmes)

C) Al Baquara (La Vache)

42- Quand a été révélé le Coran au prophète Muhammed (saws) ?

   A) **à la Nuit du Destin**

   B) à Aid Al idhha (la fête du Sacrifice)

   C) au 10ème jour de Muharam

43- Une sourate est nommée 'la moitié du Coran'. Laquelle ?

   A) **Al Zalzala (La Secousse)**

   B) Al Moutafifin (Les Fraudeurs)

   C) Al Houmaza (Les Calomniateurs)

44- Une sourate a fini avec les prénoms de deux prophètes. Laquelle ?

   A) Al Nassr (Les Secours)

   B) Al Massad (Les Fibres)

   C) **Al A'ala (Le Très-Haut)**

45- Quelle est la sourate qui n'a pas commencé avec bismillah ?

   A) **At-Tawba (Le Repentir)**

   B) A Ikhlas (Le Monothéisme pur)

   C) Al Anbia'a (Les Prophètes)

46- Quelle est la sourate qui a été révélé complète ?

   A) **Al Mudather (Le revêtu d'un manteau)**

   B) Al mai'ida (La Table servie)

   C) Al Anbia'a 'Les Prophètes)

47- Une sourate porte le nom de l'un des invasions du prophète. Laquelle ?

   A) **Al Ahzeb (Les Coalisés)**

   B) Al Israa (Le voyage Nocturne)

48- Quelle est la première sourate qui a été révélé au prophète après sa migration vers la Médine ?

   A) Al Anfal (Le Butin)

   B) Taha

   C) **Al Baquara (La Vache)**

49- Quels sont les nombres les plus répétés au Saint Coran ?

   A) **1 - 7**

   B) 5 - 11

   C) 100 - 300

50- Une sourate a fini avec le même mot que son nom. Laquelle ?

   A) Al Kafiroun (Les Infidèles)

   B) **Al Nas (Les hommes)**

   C) Al charh (L'ouverture)

THEME 2 : Le Prophète Mouhammad (Mahomet)

51- Où est né Mouhammad ?

A) Médine

B) **La Mecque**

C) Jérusalem

52- A quelle époque a vécu Mouhammad ?

A) IV-V ème siècle

B) **VI-VII ème siècle**

C) VIII-IX siècle

53- Quel métier exerça Mouhammad ?

A) Médecin

B) **Berger**

C) Avocat

54- Quelle fut sa première femme ?

A) **Khadija**

B) Fatima

C) Sarah

55- Où se réfugie Mouhammad après sa fuite de la Mecque ?

A) **Médine**

B) Jérusalem

C) Damas

56- De quel peuple fait partie Mouhammad ?

A) Les Byzantins

B) Les Francs

C) **Les Arabes**

57- Où Mouhammad reçoit-il les paroles de Dieu ?

A) La grotte Hdhra

B) **La grotte Hira**

C) La grotte Thour

58- Comment appelle-t-on les successeurs de Mouhammad ?

A) **Califes**

B) Emirs

C) Sultans

59- Il a entendu ...

A) Les paroles de Jésus

B) Les paroles de son père

C) **Les paroles d'Allah**

60- Mouhammad a-t-il-connu ses parents ?

A) Oui

B) **Non, il était orphelin**

C) Peut-être

61- Le prophète Mouhammad (saws) est né en

A) 600 après J-C

B) 570 après J-C

62- Quel est le nom du père du prohète Mouhammad (saws) ?

A) Abde Allah

B) Abou Bakr

63- Quel est le nom de la mère du prohète Mouhammad (saws) ?

A) Amina

B) Khadija

C) Fatima

64- Le père du prophète Mouhammad (saws) est mort avant ou après la naissance du prophète Mouhammad (saws) ?

A) Avant sa naissance

B) Après sa naissance

65- La mère du prohète Mouhammad (saws) mourut quand Mohammad avait 6 ans ?

A) Vrai

B) Faux

66- Le prohète Mouhammad (saws) avait 8 ans lorsque son vieux grand-père décéda ?

A) Vrai

B) Faux

67- Quel est le nom de la nourrice du prophète (saws) ?

A) Aïcha

B) Halima

68- Mouhammad a voyagé à Cham la première fois avec son oncle à l'âge de 10 ans ?

A) Vrai

B) Faux

69- Après la mort de sa mère, il fut adopté par son grand-père et après par son oncle.

A) Vrai

B) Faux

70- Le prophète a commencé à travailler comme berger

A) Vrai

B) Faux

71- A quel âge le prophète a reçu la visite de l'ange Jibril (Gabriel) ?

A) 30 ans

B) 35 ans

C) 40 ans

72- Lequel de ces trois personnage est le cousin du prophète ?

A) Abou Baker Sedik

B) Ali Ibn Abi Talib

C) Othmane Ibn Affene

73- Le père de Mouhammed s'appellait

A) Abdel Muttalib

B) **Abdellah**

C) Ibrahim

74- Qui n'est pas l'oncle du prophète ?

A) Hamza

B) Abbes

C) **Abou Oubayda**

75- Le prophète avait...

A) **4 filles et 3 fils (Fatima, Zeyneb, Roukaya, Oum Kalthoum, Quassim, Ibrahim, Abdellah)**

B) 7 filles et 2 fils

C) 10 filles et 4 fils

76- Qui avaient élevé successivement le prophète après la mort de ses parents ?

A) **Abdou Muttalib puis Abou Talib**

B) Abbes puis Abou Talib

C) Hamza puis Abou Talib

77- Quels sont les enfants que le prophète avait élevé ?

A) Talha et Zoubayr

B) Almughira et Muawiya

C) **Ali et Zayd Ibn Haritha**

78- Qui n'est pas l'une des filles du prophète ?

A) Zeyneb

B) Roukaya

C) **Maymouna**

79- Le prophète est enterré à coté de...

A) **Abu Bakr et Omar**

B) Othmane et Ali

C) Zeyneb et Fatima

80- Comment s'appelaient les parents du prophète ?

A) Jaafer et Hafsa

B) Omar et Halima

C) **Abdullah et Amina**

81- A quel âge a-t-il épousé Khadija ?

A) 30

B) **25**

C) 40

82- Combien de temps est-il resté à la Mecque avant d'émigrer ?

A) 7 ans

B) 9 ans

C) **13 ans**

83- Quelle était la première bataille ?

A) **Badr**

B) Uhud

84- Doit –on aimer le prophète plus que sa propre famille ?

A) **Oui**

B) Non

85- Quel âge avait le prophète lorsque les premiers signes de la prophétie furent découverts ?

A) dès sa naissance

B) 6 ans par son oncle Abou Talib

C) **12 ans par un moine nommé Bahira**

86- Pendant combien de temps l'appel à l'islam s'est-il fait en secret ?

A) 5 ans

B) **3 ans**

C) 1 an

87- Quel miracle a-t-il apporté aux hommes ?

A) **Le Coran**

B) l'Evangile

C) Le Torah

88- Dans quelle maison est enterré le prophète ?

A) Fatima

B) **Aicha**

C) Khadija

89- A quelle tribu le prophète appartient -il ?

A) **Kouraych**

B) Badr

C) Uhud

90- Comment s'appelle la dernière bataille ou le prophète a assisté ?

A) Badr

B) **Tabouk**

C) Hounayn

91- Comment s'appelle la montagne où se trouve la grotte Hira ?

A) Uhud

B) **Alnour**

C) Arafa

92- Quelle est la dernière épouse du prophète Muhammed ?

A) Hafsa

B) Zeyneb

C) **Maymouna**

93- Combien de batailles le prophète a-t-il assisté ?

A) 18

B) **27**

C) 35

94- Quel aliment est le plus consommé par le prophète ?

A) **les dattes et l'eau**

B) le pain

C) la viande

95- Combien de fois le prophète est-il allé en pèlerinage durant toute sa vie ?

A) **1**

B) 3

C) 5

96- Après dix ans de sa mission, le prophète a perdu deux personnes importantes. Lesquels ?

A) ses fils Quassim et Abdullah

B) **son oncle Abou Talib et sa femme Khadija**

C) son grand-père Abdul Muttalib et son oncle Abou Talib

97- Qui est la personne la plus nuisible au prophète ?

A) **Abou Lahab**

B) Abou Sofien

C) Muawiya

98- Que faisaient les compagnons du prophète après 5 ans de sa mission ?

A) Ils ont construit une mosquée à la Médine

B) Ils ont fait adieux à leurs familles

C) **Ils ont émigré vers Al Habacha (Abyssinie)**

99- Le prophète a fait deux grands voyages. Lesquels ?

A) Mecque et Médine

B) **Isra et Miraj**

C) Cham et Egypte

100- Le prophète est mort à

A) 50 ans

B) **63 ans**

C) 70 ans

THEME 3 : Les prophètes

101- Quel prophète a l'histoire la plus belle et la plus détaillée dans le Coran ?

A) Ismaël

B) Youssef (Joseph)

C) Ibrahim (Abraham)

102- A quel peuple le Prophète Salih a t-i été envoyé par Dieu ?

A) Thamūd

B) 'Ad

C) Madyan

103- Quel prophète fut surnommé le père des hôtes (Abu Ad Dayfan) ?

A) Nouh (Noé)

B) Ibrahim (Abraham)

C) Suleyman (Salomon)

104- Dieu envoya quels oiseaux à Caïn (Kabil) après qu'il ait tué son frère Abel (Habil) ?

A) Des aigles

B) Des corbeaux

C) Des cigognes

105- Dieu a dit : « Et nous l'élevâmes à un haut rang ». De quel prophète s'agit-il ?

B) Ismaël (Ismaël)

B) Issa (Jésus)

C) Idriss (Enoch)

106- Combien d'étoiles le prophète Youssuf (Joseph) a-t-il vues dans son rêve ?

A) 9

B) 10

C) 11

107- Quel prophète fut le 1er à fabriquer des cottes de mailles ?

A) Dawud (David)

B) Zakariya (Zacharie)

C) Nuh (Noé)

108- Quel prophète parlait dans son berceau aux gens ?

A) Ylias (Elie)

B) Moussa (Moïse)

C) Issa (Jésus)

109- A qui fut révélé la Thorah ?

A) Issa (Jésus)

B) Moussa (Moïse)

C) Dawud (David)

110- Après combien de nuits de Ramadan ont été révélé les psaumes à David ?

A) 6

    B) 12

    C) 21

111- Avec quel prophète, le roi Nemrod qui se prenait pour Dieu a-t-il eu une discussion ?

    A) Suleyman (Salomon)

    B) Moussa (Moïse)

    C) Ibrahim (Abraham)

112- Le prophète le plus riche, et le plus puissant était :

    A) Suleyman (Salomon)

    B) Moussa (Moïse)

    C) Ibrahim (Abraham)

113- Le prophète le plus pauvre était :

    A) Moussa (Moïse)

    B) Ibrahim (Abraham)

    C) Issa (Jésus)

114- Le prophète dont le nom est tiré de Dieu lui-même :

    A) Ibrahim (Abraham)

    B) Moussa (Moïse)

    C) Mouhammad (Mahomet)

115- Le prophète dont le nom signifie la vitalité (ses parents étaient âgés) :

    A) Yahya (Jean)

    B) Ibrahim (Abraham)

    C) Issa (Jésus)

116- Le prophète le plus cité du Coran est :

    A) Ibrahim (Abraham)

    B) Moussa (Moïse)

    C) Issa (Jésus)

117- Le prophète qui fut abandonné par ses 10 frères était :

    A) Ibrahim (Abraham)

    B) Issa (Jésus)

    C) Youssuf (Joseph)

118- Le prophète qui allait être sacrifié et qui a aidé à construire la Kaaba :

    A) Ismaël

    B) Ibrahim (Abraham)

    C) Youssuf (Joseph)

119- Dieu l'a béni le jour où il est né, mort, et lorsqu'il sera ressuscité :

    A) Yahya (Jean)

    B) Issa (Jésus)

    C) Ibrahim (Abraham)

120- Le prophète dont le peuple a été détruit par une pluie de pierres :

A) Moussa (Moïse)

B) Ibrahim (Abraham)

C) Lout (Loth)

121- Le prophète dont le peuple a été détruit par un déluge :

A) Dawud (David)

B) Moussa (Moïse)

C) Nouh (Noé)

122- Le prophète dont le peuple l'a jeté au feu :

A) Ibrahim (Abraham)

B) Nouh (Noé)

C) Ismail (Ismaël)

123- Qui est le 1er Messager qu'il y a eu sur Terre ?

A) Nouh (Noé)

B) Adam

C) Ibrahim (Abraham)

124- Moussa (Moise), Haroun (Aaron), Myriam (Marie) sont les enfants de ...

A) Yaa'koub (Jacob)

B) Imran

C) Ilyass

125- Quel prophète a été envoyé au peuple de 'Ad ?

A) Idriss (Enoch)

B) Issa (Jésus)

C) Hud (Eber)

126- Quel prophète avait de la nourriture qui sortait de son doigt, étant petit ?

A) Moussa (Moïse)

B) Shou'ayb

C) Ibrahim (Abraham)

127- Quel animal est censé avoir mangé Youssef ?

A) Un chameau

B) Un loup

C) Une vache

128- Quel prophète a parlé directement avec Allah ?

A) Ibrahim (Abraham)

B) Moussa (Moise)

C) Issa (Jésus)

129- Quel est le prophète qui a été le plus éprouvé ?

A) Dawud (David)

B) Suleyman (Soliman)

C) Ayoub (Job)

130- Quel prophète avait la beauté de la moitié de l'humanité ?

    A) Youssef (Joseph)

    B) Loth

    C) Nouh (Noé)

131- Quel prophète était l'ami d'Allah ?

    A) Idriss (Enoch)

    B) Ibrahim (Abraham)

    C) Moussa (Moïse)

132- Quel prophète a fait le voyage nocturne, a visité les 7 ciels et a vu des prophètes ?

    A) Ibrahim (Abraham)

    B) Mohammad (saws)

    C) Issa (Jésus)

133- Quel prophète est mort au 4ème Ciel ?

    A) Hud

    B) Imran

    C) Idriss (Enoch)

134- Combien de fois Mohammed (saws) a-t-il-vu Jibril (as) sous sa forme angélique ?

    A) 7

    B) 2

    C) 17

135- Combien y a-t-il de ¨Prophètes et Messagers en tout ?

    A) 100

    B) 1000

    C) 124000

136- Quel prophète a été découpé en 2 par les Bani Israël ?

    A) Zacharia (Zacharie)

    B) Yahya (Jean)

    C) Moussa (Moïse)

137- Quel prophète mangeait des feuilles par peur de tomber dans le péché ?

    A) Moussa (Moïse)

    B) Yahya (Jean)

    C) Issa (Jésus)

138- Combien de fils avait Yaa'kub (Jacob) ?

    A) 11

    B) 12

    C) 13

139- Yaa'koub est le père des juifs

    A) Faux

    B) Vrai

C) On ne sait pas

140- Qui est le père des prophètes ?

A) Adam

B) Ibrahim (Abraham)

C) Mohammed

141- Qui est notre Maitre sur Terre ?

A) Adam

B) Mohammed

C) Issa (Jésus)

142- Aujourd'hui nous sommes les fils ...

A) d'Adam

B) de Mohammed

C) de Ibrahim (Abraham)

143- Il y a un rocher en Palestine où ont été tués ...

A) 50 prophètes

B) 70 prophètes

C) 100 Bani Israël

144- Les prophètes sont tous des Messagers

A) Faux

B) Vrai

C) On ne sait pas

145- Qui est celui qui a fait passer les croyants par la mer Rouge et les a sauvés de Pharaon ?

A) Nouh (Noé)

B) Ibrahim (Abraham)

C) Moussa (Moïse)

146- Quel prophète a été chassé de chez lui par jalousie par ses 11 frères ainés, puis vendu comme esclave en Egypte ?

A) Youssouf (Joseph)

B) Nouh (Noé)

147- Qui est le prophète Issa ?

A) Jésus, fils de Marie

B) Moussa (Moïse)

C) Ibrahim (Abraham)

148- Quel prophète a construit une arche pour y recueillir tous les croyants en Dieu ?

A) Idriss (Enoch)

B) Ismaël

C) Nouh (Noé)

149- Quels prophètes bâtirent la Kaaba à la Mecque ?

A) Ayoub (Jacob) et Idris (Enoch)

B) Ibrahim (Abraham) et Ismaël

C) Nouh (Noé) et Salih

150- Le prophète Yahya (Jean) était le cousin germain de quel autre prophète ?

A) Younes (Jonas)

B) **Issa (Jésus)**

C) Yaa'koub (Jacob)

151- Ibrahim (Abraham) a eu 2 fils prophètes, qui sont-ils ?

A) **Ismail et Is-haq (Isaac)**

B) Adam et Eve

C) Younous (Jonas) et Houd (Héber)

152- Quel prophète fut éprouvé par une maladie longue et pénible ?

A) Mouhammed

B) Salih

C) **Ayoub (Job)**

153- Quel prophète était le fils du prophète Daoud (David) ?

A) Moussa (Moise)

B) Youssef (Joseph)

C) **Suleyman (Salomon)**

154- Le miracle de la chamelle fut accordé à

A) Adam

B) Idris (Enoch)

C) **Salih**

155- En Islam, qui est le dernier prophète envoyé pour l'humanité entière ?

A) Issa (Jésus)

B) **Mouhammed**

C) Younous (Jonas)

156- Le prophète qui a eu la lèpre était

A) **Ayoub (Job)**

B) Salih

C) Adam

157- Le prophète le plus cité au Coran était

A) Mouhammed

B) **Moussa (Moise)**

C) Issa (Jésus)

158- Le prophète dont le peuple a été détruit par une pluie de pierres était

A) **Loth**

B) Hud (Eber)

C) Daoud (David)

159- Quel prophète n'avait jamais menti sauf 3 fois

A) **Ibrahim (Abraham)**

B) Ismaël

C) Is-haq (Isaac)

160- Quel prophète savait parler aux oiseaux ?

A) Louth

B) Daoud (David)

C) **Suleyman (Soliman)**

161- Pour combien de temps le prophète Ayoub (Job) a été éprouvé ?

A) 12 ans

B) **18 ans**

C) 21 ans

162- Quel prophète était menuisier ?

A) **Zakaria (Zacharie)**

B) Yahya (Jean)

C) Is-haq (Isaac)

163- Quel prophète a été envoyé à un peuple qui fut frappé par un tremblement de terre pour l'avoir traité de menteur ?

A) Is-haq (Isaac)

B) Yaa'koub (Jacob)

C) Chou'aib

164- Devant qui Ibliss refusa-t-il de prosterner ?

A) **Adam**

B) Nouh (Noé)

C) Moussa (Moise)

165- Qui fut le premier messager ?

A) Daoud (David)

B) Ibrahim (Abraham)

C) **Nouh (Noé)**

166- Quel fut le châtiment du peuple de Nouh ?

A) **une noyade**

B) un tremblement de terre

C) un volcan

167- Quel fut le châtiment du peuple de Houd ?

A) une électrocution

B) **un vent dévastateur**

C) une pluie de pierre

168- Quel signe Dieu envoya au Thamūd ?

A) **La chamelle**

B) Le serpent

C) La vache

169- A quel peuple fut envoyé Chou'ayb ?

A) 'Ad

B) Thamūd

C) **Madyan**

170- Quel prophète savait interpréter les rêves ?

 A) Zakaria (Zacharie)

 B) **Youssef (Joseph)**

 C) Houd (Eber)

171- Quel prophète fut éprouvé dans ses biens, sa santé et ses enfants ?

 A) Youssef (Joseph)

 B) Yaa'koub (Jacob)

 C) **Ayoub (Job)**

172- Où Moussa (Moise reçut la révélation de sa prophétie ?

 A) **Mont Sinaï**

 B) Mont Al-Nour

 C) Mont Arafa

173- Quel prophète fut avalé par une baleine ?

 A) **Younes (Jonas)**

 B) Zakaria (Zacharie)

 C) Salih

174- Qui Dieu a assigné auprès de Moussa (Moise) pour le fortifier dans sa mission ?

 A) Sa mère

 B) **Son frère Haroun (Aaron)**

 C) Sa soeur

175- Qui est le dernier messager de tous les messagers ?

 A) **Mouhammed**

 B) Moussa (Moise)

 C) Issa (Jésus)

176- Ou le prophète Younes est-il resté enfermé pendant trois jours ?

 A) en prison

 B) au fond d'un puits

 C) **dans le ventre d'une baleine**

177- Quels sont les deux miracles avec lesquels se rendit Moussa auprès de Pharaon ?

 A) **Le bâton et la main**

 B) La chamelle et la vache

 C) Le vent et les oiseaux

178- Qui était la mère du prophète Is-haq (Isaac)?

 A) Hind

 B) **Sarah**

 C) Hajer

179- Qui étaient les 2 fils d'Adam ?

 A) Ismail et Is-haq

 B) **Habil (Abel) et Kabil (Caïn)**

C) Quassim et Abdallah

180- La femme et le fils de quel prophète moururent noyés ?

A) Younes (Jonas)

B) Moussa (Moise)

C) **Nouh (Noé)**

181- Où fut jeté le prophète Youssef quand il était enfant et qui l'y jeta ?

A) **dans un puits par ses frères**

B) dans une cave par ses brigands

C) dans la rivière par son père

182- Qu'arrivera-t-il au prophète Ibrahim (Abraham) quand ses ennemis le jetèrent dans le feu ?

A) le feu s'éteint tout seul

B) **le feu ne brula pas Ibrahim**

C) il mourut

183- Qui était la mère du prophète Ismaël ?

A) **Hajer**

B) Sarah

C) Zoulaikha

184- Quel prophète avait les djinns à son service ?

A) **Soulayman (Soliman)**

B) Ibrahim (Abraham)

C) Youssef (Joseph)

185- Quel peuple le prophète Moussa a-t-il sauvé ?

A) Les Thamūd

B) **Les israélites**

C) Les Sodomites

186- Quel prophète a parlé directement avec Allah ?

A) Issa (Jésus)

B) **Moussa (Moise)**

C) Mouhammed

187- Quelle reine rencontra le prophète Suleyman (Soliman) ?

A) La reine d'Egypte

B) **La reine de Saba**

C) La reine Victoria

188- Quel prophète a eu un poste haut-placé dans la cour du roi d'Egypte ?

A) Loth

B) Moussa (Moise)

C) **Youssef (Joseph)**

189- Qui le prophète Moussa a-t-il rencontré et accompagné un certain temps ?

A) Nouh (Noé)

B) Zakaria (Zacharie)

C) **Al-Khadir**

190- Quel prophète était le neveu du prophète Ibrahim ?

A) **Loth**

B) Daoud (David)

C) Suleyman (Soliman)

191- Quel prophète a été sauvé par une caravane et emmené en Egypte ?

A) Ismael

B) **Youssef (Joseph)**

C) Younes

192- A quel prophète Allah at-il-révéla Torah authentique ?

A) **Moussa (Moise)**

B) Ayoub (Job)

C) Issa (Jésus)

193- A quel prophète Allah a-t-il accordé le miracle de fendre la lune en deux ?

A) Younes (Jonas)

B) Ilyes

C) **Mouhammed**

194- Combien de prophète est cité dans le Coran ?

A) 20

B) **25**

C) 30

195- Quel prophète est maintenant vivant au 2ème ciel ?

A) **Issa (Jésus)**

B) Moussa (Moise)

C) Mouhammed

196- Combien de temps le prophète Nouh appelle son peuple à croire en Dieu ?

A) 500 ans

B) 700 ans

C) **950 ans**

197- Qui était le plus grand des fils de Nouh ?

A) Canaan

B) **Sem**

C) Japhet

198- Quel prophète a traversé la mer qui s'est ouverte pour lui et son peuple ?

A) Salih

B) Houd (Eber)

C) **Moussa (Moise)**

199- A quel prophète Allah a révélé le Coran ?

A) **Mouhammed**

B) Ilyes

C) Younes (Jonas)

200- Qui était l'orateur des prophètes ?

A) **Shou'ayb**

B) Is-haq (Isaac)

C) Yaa'koub (Jacob)

THEME 4 : Culture générale de l'islam

201- Que signifie le mot « islam » ?

   A) Adoration

   B) Soumission à Allah

   C) Invocation et prière

202- Dans quel pays est située la Mecque ?

   A) Arabie Saoudite

   B) France

   C) Irak

203- Dans quel bâtiment prient les musulmans ?

   A) Une église

   B) Une mosquée

   C) Une synagogue

204- Les musulmans ont un jour particulier, lequel ?

   A) Lundi

   B) Vendredi

   C) Dimanche

205- Quelle ville d'Arabie Saoudite est surnommée « La ville du prophète » ?

   A) Jeddah

   B) Ryadh

   C) La Médine

206- Quel pays a appartenu au monde arabo-musulman d'Al-Andalous ?

   A) La France

   B) L'Egypte

   C) L'Espagne

207- Un minaret est ...

   A) une boisson

   B) une réserve de nourriture

   C) la tour d`où le muezzin appelle à la prière

208- Les enfants allaient à la madrasa qui est une ...

   A) école religieuse

   B) salle de prières

   C) églises

209- Durant la prière, après Al-Fatiha, on récite ...

   A) Sourate Al-Kahf (La caverne)

   B) Sourate Al-Falaq (L'aube naissante)

   C) N'importe quelle sourate ou quelques versets

210- Pour embrasser l'islam, il faut témoigner que La Ilaha illa Allah, que signifie cette expression ?

   A) Il faut invoquer les prophètes pour adorer Allah

   B) Il n'y a de Dieu digne d'adoration qu'Allah

211- Autour de quel bâtiment les musulmans tournent-ils à la Mecque ?

A) La Kaaba

B) Le Souk

C) La Qibla

212- Quel lieu dans les villes arabo-musulmanes permet la vente des produits ?

A) Un minbar

B) Un minaret

C) Un souk

213- Pendant quel mois les musulmans pratiquent le jeûne ?

A) Rajab

B) Ramadan

C) Dhou al Hajja

214- C'est une Sunnah de, d'.. ?

A) Parler

B) Sourire

C) Ecouter

215- Il n'est pas permis à un musulman de se fâcher avec son frère plus de ...

A) 5 jours

B) 3 jours

C) 2 jours

216- L'une des préoccupations du calife Abou Bakr était :

A) Combattre ceux qui refusaient d'acquitter la Zakat (aumône)

B) Combattre les romains

C) Combattre les perses

217- Lequel des compagnons était nommé Al-Farouk (qui discerne le vrai du faux) :

A) Abou Taleb

B) Abou Bakr

C) Omar

218- Les 4 mois sacrés sont

A) Cha'aban, Ramadan, Chawwal et Zul-Qa'ada

B) Ramadan, Zul-Qa'ada, Zul-Hijja et Muharram

C) Zul-Qa'ada, Zul-Hijja, Muharram et Rajab

219- Sunnah veut dire ?

A) Les dires et les faits du prophète Mouhammad (saws)

B) Les dires et les faits des premiers califes de l'islam

C) Les dires et les faits des compagnons du prophète Mouhammad (saws)

220- Femme du prophète Mouhammad et sœur du calife Muawia Ibn Abi Soufyane ?

A) Ramla (Oum Habiba)

B) Aïcha

C) Zaynab

221- Ali Ibn Abi Taleb est nommé calife à la suite de :

A) L'assassinat du calife Othman

B) La mort naturelle du calife Othman

C) La démission du calife Othman

222- Sur qui a-t-on le droit de jurer ?

A) Allah

B) Le messager d'Allah (saws)

C) El Kaaba

223- L'islam est fondé sur combien de piliers ?

A) 3

B) 4

C) 5

224- Combien de siècles sépara Adam et Nouh (Noé) ?

A) 2

B) **5**

C) 10

225- Qui sont les premiers convertis à l'islam ?

A) **Kadija, Ali, Abou Bakr**

B) Omar, Othmane, Khaled

C) Abou Taleb, Talha, Zoubeir

226- Combien de jours est-il recommandé de jeuner par semaines et quels sont-ils ?

A) 4 : le lundi, le mardi, le samedi et le dimanche

B) 3 : le mardi, le jeudi et le samedi

C) 2 : le lundi et le jeudi

227- Que faut-il faire dans les 3 jours blancs de l'islam ?

A) il faut faire des prières et des invocations

B) il faut jeuner

C) il faut donner le Zakat (l'aumône)

228- Qui sont Yajouj et Majouj ?

A) **Ce sont des humains qui ont été enterrés dans la Terre**

B) Ce sont des bêtes qui vont venir attaquer les humains

C) Ce sont des peuples que le prophète a exilé de la Mecque

229- Que faut-il dire à la fin de chaque prière ?

A) Rien

B) faire des invocations

C) **Astaghfirou Allah (33fois) Alhamdou lillah (33fois) Allahou akbar (33fois)**

230- Quelle sourate est-il recommandé de lire le vendredi ?

A) sourate Al-Nahl (L'abeille)

B) **sourate Al-Kahf (La grotte)**

C) sourate Al-Bourouj (les constellations)

231- Qui sont les 2 rapporteurs de Hadith les plus connus en Islam ?

A) Muslim et AL-Albani

B) Al Boukhari et Al Bayhaqi

C) **Al-Boukhari et Muslim**

232- Les musulmans disent « Assalamu Alaykom » pour se saluer. Qu'est-ce que ça signifie ?

A) Bonjour

B) **Que la paix soit avec toi**

C) Je te salue dignement mon ami

233- Quel est le pays où l'on compte le plus grand nombre de musulmans ?

A) Iran

B) Turquie

C) **Indonésie**

234- Lequel de ces pays à majorité musulmane ne fait pas partie du monde arabe ?

A) **Iran**

B) Algérie

C) Yémen

235- En quelle année de l'Hégire, le jeune du mois de Ramadan est-il devenu obligatoire ?

A) Première année de l'Hégire

B) **Deuxième année de l'Hégire**

C) Troisième année de l'Hégire

236- Les versets relatifs au jeune du mois de Ramadan se situent dans le chapitre :

A) **Al Baqara (la vache)**

B) Al Imran (La famille Imran)

C) Al Nisaa (Les femmes)

237- Le mois de Ramadan est le mois

A) de la prière

B) de la guerre sainte

C) **de la patience**

238- Quelle est la principale vertu du jeune ?

A) Il permet du perdre du poids

B) **Il permet de ressentir la faim des pauvres**

C) Il renforce l'espérance et la paix

239- Le Ramadan est l'un des quatre mois sacrés de l'islam

A) Vrai

B) **Faux**

240- Il est conseillé de suivre Ramadan de

A) 3 jours supplémentaires

B) **6 jours supplémentaires**

C) 10 jours supplémentaires

241- L'ange Malik est :

A) Gardien du lac Kawther

B) **Gardien de l'enfer**

C) Gardien du pont Sirat

242- Combien d'anges ont combattu lors de la bataille de Badr :

A) 100

B) 500

C) **3000**

243- Qui a dit : « Le mal m'a touché mais Toi tu es le plus miséricordieux des Miséricordieux »

A) Jean

B) **Job**

C) Jésus

244- Comment s'appelle le peuple qui a accueilli le prophète à Médine suite à son départ de la Mecque ?

A) **Les Ansars**

B) Les Quraych

C) Les Banu Khuza'a

245- Les deux anges qui font l'interrogatoire dans la tombe sont :

A) **Munkir et Nakir**

B) Qabil et Habil

C) Israfil et A'zrail

246- Qui a dit : « O mon cher père, fais ce qui t'es commandé, tu me trouveras s'il plait à Allah du nombre des endurants »

A) Isaac

B) **Ismaël**

C) Abraham

247- Lors du voyage nocturne du prophète aux cieux, combien de prières ont été initialement prescrites aux musulmans ?

A) 15

B) 25

C) **50**

248- Les anges :

A) **sont infaillibles dans l'exécution des ordres**

B) sont immortels

C) peuvent se transformer en objets

249- Qui a dit : Ne me laisse pas seul, Seigneur, alors que Tu es le meilleur des héritiers »

A) Adam

B) **Zacharie**

C) Mouhammed

250- Lesquels de ces animaux n'ont pas de sourate à leurs noms ?

A) Les fourmis

B) **les oiseaux**

C) les abeilles

251- Laquelle de ces sourates ne débute pas par des lettres ?

A) Sourate Maryam (Marie)

B) Sourate Qoraich

C) **Sourate Al Kahf (La Grotte)**

252- Qui a dit : « O mon peuple, voici la chamelle d'Allah qu'il vous a envoyée comme signe. Laissez là paitre sur la terre d'Allah »

A) Chou'yab

B) Haroun (Aaron)

C) **Salih**

253- Quel est le seul compagnon dont le nom est cité dans le Coran ?

A) Abu Hurayra

B) **Zayd Ibn Al Hareth**

C) Bilal Ibn Rabah

254- L'ange Israfil est chargé de :

A) enchainer les démons durant Ramadan

B) **Souffler dans la trompe le jour de la résurrection**

255- Avant d'être Musulmans les arabes étaient...

A) **Polythéistes**

B) Monothéistes

256- Comment s'appelle le départ de Mouhammed de la Mecque vers la Médine ?

A) **L'Hégire**

B) Le Coran

C) La Sunna

257- La prière est-elle obligatoire en Islam ?

A) non

B) peut-être

C) **oui**

258- Qui a dit : « Nous croyons au Seigneur de l'univers, le Seigneur de Moise et d'Aaron »

A) les gardiens

B) les soldats

C) **les magiciens**

259- Les anges sont créés à partir

A) de feu

B) **de lumière**

C) d'argile

260- D'après une parole du prophète l'homme fort est celui

A) qui n'a pas peur

B) qui sait se battre

C) **qui se maitrise dans les moments de colère**

261- Quelle épouse du prophète est connue pour de nombreux hadiths rapportés ?

A) **Aicha**

B) Zayneb

C) Khadija

262- Quel est le cinquième pilier de l'islam ?

A) La prière

B) La Zakat (aumône)

C) **Le Hajj (pèlerinage)**

263- Combien y a-t-il de piliers dans la foi ?

A) 3

B) 5

C) **6**

264- Combien d'anges porteront le Trône d'Allah le jour du jugement ?

A) 50

B) 20

C) **8**

265- Qui a dit : « Si tu étends vers moi ta main pour me tuer, moi, je n'étendrais pas ma main vers toi pour te tuer : car je crains Allah, le Seigneur de l'univers »

A) Ismaël

B) Israël

C) **Abel**

266- La mission du prophète Mouhammed (saws) a duré...

A) 20 ans

B) **23 ans**

C) 25 ans

267- Qui parmi ceux-là est connu pour sa compilation de hadiths (paroles du prophète)

A) Omar

B) Abdurrahmen

C) **Al Bukhari**

268- Sur quelle base la pratique du prêt à intérêt (riba) est condamnée en islam ?

A) **sur deux versets du Coran**

B) sur deux fatwas

C) sur deux hadiths

269- Pourquoi la bataille de Badr est-elle importante ?

A) c'est la première victoire remportée par les musulmans contre les Perses

B) **c'est la première victoire remportée par les musulmans contre les Mecquois**

C) c'est la première victoire remportée par les musulmans contre les Byzantins

270- Au cours de quelle bataille Aicha est-elle vaincue par Ali ?

A) La bataille de Nahrawan

B) **La bataille du chameau**

C) La bataille de Uhud

271- En quelle année a lieu l'Hégire ?

A) **en 632 après J.C**

B) en 622 après J.C

C) en 612 après J.C

272- Comment appelle-t-on les chefs religieux, politiques et militaires successeurs de Mouhammed ?

    A) les émirs

    B) les gouverneurs

    C) **les califes**

273- Qui a dit : « O mon père, j'ai vu onze étoiles et aussi le soleil et la lune, je les ai vus prosternés devant moi »

    A) **Joseph**

    B) Salomon

    C) Abraham

274- Comment s'appelle la dynastie de califes en place entre 661 et 750 ?

    A) les Abbassides

    B) les Fatimides

    C) **les Omeyyades**

275- Pendant quelle nuit a été révélé le Coran ?

    A) La nuit du voyage nocturne et l'ascension

    B) **La nuit du destin durant le mois de Ramadan**

    C) La nuit du nouvel an

276- Combien y a-t-il de lieux sacrés dans la religion musulmane ?

    A) 7

    B) 1

    C) **3**

277- Où se fait la retraite spirituelle (ii'tikaf)

    A) sur le Mont Blanc

    B) à Médine

    C) **à la mosquée**

278- Qui a dit : « O mon Seigneur, montre Toi à moi pour que je Te voie »

    A) Adam

    B) **Moise**

    C) Jésus

279- Combien de fois prosterne-t-on pendant la prière des funérailles ?

    A) **aucune fois**

    B) 1 fois

    C) 2 fois

280- A quel moment de la journée durant le mois de Ramadan arrête-t-on le jeune ?

    A) à midi

    B) à minuit

    C) **juste après le coucher de soleil**

281- Comment s'appelle l'art d'écrire de belles lettres ?

    A) la littérature

B) **la calligraphie**

C) la lexicographie

282- Combien de femmes avait notre prophète ?

A) **11**

B) 7

C) 4

283- Combien y a-t-il de prophètes cités dans le Coran ?

A) 20

B) **25**

C) 55

284- Pour Allah, y a-t-il une différence entre un arabe et un non-Arabe ?

A) oui, en fonction de la race

B) oui, en fonction de la classe sociale

C) **non, juste par la piété**

285- Qui a dit : « O Adam, t'indiquerai-je l'arbre de l'éternité et un royaume impérissable »

A) Eve

B) **Ibliss**

C) Gabriel

286- Combien de versets comporte la sourate la plus longue du Coran ?

A) 211

B) **286**

C) 290

287- Est-ce qu'il arrive aux anges de désobéir aux ordres d'Allah ?

A) oui, rarement

B) **non jamais**

C) ça dépend de la mission

288- Quelle parole faut-il faire prononcer au musulman lorsqu'il agonise ?

A) Astaghfirullah

B) Alhamdulillah

C) **La ilaha ila Allah**

289- Indiquer trois villes saintes de l'islam

A) La Mecque, Médine, Dubaï

B) **La Mecque, Médine, Jérusalem**

C) La Mecque, Médine, Manama

290- Qui a dit : « Seigneur montre-moi comment Tu ressuscites les morts »

A) Mouhammed

B) Jésus

C) **Abraham**

291- En quel jour se produira la fin du temps ?

A) **Vendredi**

B) Lundi

C) Jeudi

292- Quel est le plus grave des péchés ?

A) négliger la prière

B) **l'association à Allah**

C) le meurtre

293- Combien d'ailes possède l'ange Gabriel ?

A) 100

B) 200

C) **600**

294- Dans le calendrier musulman (le calendrier lunaire), combien de jours y a-t-il dans un mois ?

A) **29 à 30 jours**

B) 30 à 31 jours

C) 28 à 29 jours

295- Qui a dit : « N'ai-je pas dit que tu ne pourrais pas garder patience en ma compagnie »

A) **Khidr**

B) Luqman

C) Imran

296- Combien de jours compte une année Hégirienne ?

A) **de 354 à 355 jours**

B) de 300 à 301 jours

C) de 365 à 366 jours

297- Quelle femme est considérée comme la plus connaisseuse en termes de religion ?

A) **Aicha Bint Abi Bakr**

B) Khadija Bint Khouwayled

C) Asma Bint Abi Bakr

298- La première émigration des musulmans Mecquois était vers quelle ville ?

A) Damas

B) Casablanca

C) **Abyssinie**

299- Avant d'établir la Kaaba comme direction de prière quelle était la direction de prière des musulmans ?

A) La mosquée Quba

B) **La mosquée Al Aqsa**

C) La mosquée du prophète

300- Quel est le nom du roi chrétien qui mena une armée pour détruire la Kaaba ?

A) **Abraha**

B) Béhanzin

C) César

Don't miss out!

Visit the website below and you can sign up to receive emails whenever WBwinner Publishing publishes a new book. There's no charge and no obligation.

https://books2read.com/r/B-A-ZSVDB-GFZYC

BOOKS 2 READ

Connecting independent readers to independent writers.

Also by WBwinner Publishing

Islam Quiz 300 Questions Answers
Quizz Islam 300 Questions Réponses